Σημείωση:
Στις συνταγές δεν αναφέρεται το αλάτι. Μπορείτε, αν θέλετε, να προσθέσετε εσείς την ποσότητα που επιθυμείτε.
Επιπλέον πληροφορίες για τη σωστή εκτέλεση των συνταγών θα βρείτε στο Γλωσσάρι, σελ. 60-61.

Συμβουλές για Γρήγορο Μαγείρεμα

Ποιος είπε ότι σήμερα το νόστιμο και υγιεινό φαγητό δεν μπορεί επίσης να είναι και γρήγορο στο μαγείρεμα; Αυτές οι απλές και έξυπνες συμβουλές θα σας βοηθήσουν να ετοιμάσετε το γεύμα σας σε χρόνο ρεκόρ.

Αποθέματα υλικών

Οργανώστε το μενού της εβδομάδας και ψωνίστε όλα ανεξαιρέτως τα υλικά. Ένα καλά εφοδιασμένο κελάρι και ψυγείο και μία γεμάτη κατάψυξη διασφαλίζουν ότι δε θα χρειαστεί να σπαταλήσετε χρόνο ψάχνοντας για υλικά τηn τελευταία στιγμή. Μην παραλείψετε να χρησιμοποιήσετε τις λίστες με τα υλικά που παρατίθενται δεξιά από τις συνταγές σε αυτό το βιβλίο. Και μη ξεχνάτε: αν ανοίξετε μπουκάλια ή βάζα, κλείστε καλά το καπάκι και διαφυλάξτε τα στο ψυγείο. Μετακινήστε όλες τις κονσέρβες που δε χρησιμοποιείτε σε ένα ειδικό δοχείο.

Μισό τώρα, μισό την επόμενη φορά

Το να σκέφτεστε μακροπρόθεσμα μπορεί να σας εξασφαλίσει αργότερα αρκετό πολύτιμο χρόνο, π.χ. όταν βολέψει, διπλασιάστε τα υλικά μιας συνταγής και καταψύξτε μισή από την ποσότητα για την επόμενη φορά. Αυτήν την τακτική μπορείτε να εφαρμόσετε με σούπες, ζωμούς, σπεσιαλιτέ φούρνου, τούρτες, μπισκότα κτλ.

Έξυπνες συμβουλές για την κατάψυξη φαγητών:

- Αφήστε σε θερμοκρασία δωματίου για 1 ώρα μαγειρεμένα φαγητά, όπως σπεσιαλιτέ φούρνου, για να κρυώσουν, πριν τα τοποθετήσετε στην κατάψυξη. Όταν χρησιμοποιείτε άκαμπτα δοχεία, αφήστε κενό 2 έως 5 εκ. για τη διαστολή του φαγητού κατά την ψύξη.
- Βγάλτε όλο τον αέρα από τις συσκευασίες, για να μη στεγνώσει, αποχρωματιστεί ή απορροφήσει άλλες μυρωδιές το φαγητό.
- Βάλτε ταμπέλες σε όλες τις συσκευασίες και τα δοχεία με το όνομα του περιεχομένου, την ημερομηνία κατάψυξης, το βάρος και τις μερίδες.
- Το πιο γρήγορο μέσο απόψυξης είναι ο φούρνος μικροκυμάτων. Ειδάλλως, βάλτε το φαγητό που θέλετε να αποψύξετε στο ψυγείο για 10 έως 24 ώρες (ανάλογα με την ποσότητα).

Άλλα μυστικά εξοικονόμησης χρόνου

- Τα αποξηραμένα βότανα μπορούν να χρησιμοποιηθούν στη θέση φρέσκων: 1 κουταλάκι αποξηραμένου ισοδυναμεί με 1 κουταλιά του ίδιου φρεσκοκομμένου βότανου.
- Αγοράζετε ακριβότερο κρέας, γιατί συνήθως δε χρειάζεται καθάρισμα, ενώ το άπαχο κρέας μαγειρεύεται πιο γρήγορα και είναι νοστιμότερο.
- Γρήγορα και εύκολα συνοδευτικά για γεύματα είναι η πολέντα και το κουσκούς, στο οποίο απλώς προσθέτετε βραστό νερό.

Ένας ιδανικός και εύκολος τρόπος για να ολοκληρώσετε ένα σωτάρισμα είναι να προσθέσετε νουντλς· απλώς αναμείξτε τα με βραστό νερό.

- Καταψύξτε το μαγειρεμένο ρύζι και ζυμαρικά που τυχόν περίσσεψαν και ξαναζεστάνετέ τα σε φούρνο μικροκυμάτων.
- Για εξοικονόμηση χρόνου, χρησιμοποιήστε στη θέση φρέσκων υλικών σκόρδο σε σκόνη, τριμμένο τζίντζερ, αποξηραμένες ψιλοκομμένες πιπεριές κτλ.

Κελάρι

μαύροι σπόροι μουστάρδας (Ντιζόν)
ψωμί, τριμμένο παλιό
καγιούν μπαχαρικό
κονσέρβα φασόλια
κονσέρβα καλαμπόκι
κονσέρβα αρακάς
κονσέρβα πατάτες
κονσέρβα ντοματάκια
κονσέρβα τόνος
σπόροι κίμινου
τσίλι σκόνη
τσίλι σάλτσα (ελαφριά, γλυκιά)
κανέλα ξύλα
καρύδας κρέμα και γάλα
κορίανδρος αλεσμένος
κορνφλάουρ
κουσκούς
κύμινο, αλεσμένο
κάρι πάστα
βότανα αποξηραμένα (βασιλικός, διάφορα, θυμάρι)
αλεύρι, κοινό
γκάραμ μασάλα
τζίντζερ, αλεσμένο
μέλι
φακή, κόκκινη
μάγκο τσάτνεϊ
μουστάρδα με μαύρους σπόρους
νουντλς
μοσχοκάρυδο, αλεσμένο
λάδι (ελαιόλαδο, φιστικέλαιο, σησαμέλαιο, σπορέλαιο)
ελιές, μαύρες
ζυμαρικά
ρύζι (νυχάκι)
σατέ σάλτσα
σουσαμιού σπόροι
σόι σάλτσα
ζωμοί (σε σκόνη και σε υγρή μορφή)
ζάχαρη (άσπρη, καφέ)
λιαστή ντομάτα
γλυκιά πάπρικα
ταμπάσκο σάλτσα
τάκο
ταντούρι πάστα
ντομάτα πολτός
ντομάτα σάλτσα
τούρμερικ, αλεσμένο
ξίδι (βαλσαμικό, άσπρο, μηλόξιδο)
κρασί (κόκκινο ξηρό)

Ψυγείο

βούτυρο/μαργαρίνη
τυρί (τσένταρ, φέτα, μοτσαρέλα, παρμεζάνα)
κρέμα γάλακτος
αβγά
γάλα
ξινή κρέμα γάλακτος
γιαούρτι

Κατάψυξη

μπέικον
ψωμί (λαγάνα, πίτα)
βάσεις για πίτσα

Φρούτα και Λαχανικά

καρότα
καυτερές πιπεριές
σκόρδο
τζίντζερ
λεμόνια
λάιμ
κρεμμύδια
πορτοκάλια
πατάτες
κολοκύθα
ντομάτες

Κάρι με Φακή, Κολοκύθα και Σπανάκι

- *1 φλιτζάνι κόκκινη φακή*
- *700 γρ. κολοκύθα, ξεφλουδισμένη και κομμένη*
- *1 κουταλιά φιστικέλαιο*
- *1 μέτριο άσπρο κρεμμύδι, κομμένο σε λεπτές φέτες*
- *1 κουταλιά φρέσκο τζίντζερ τριμμένο*
- *2 σκελίδες σκόρδο, πολτοποιημένες*
- *$^{1}/_{4}$ φλιτζανιού ελαφριά πάστα κάρι*
- *1 κουταλιά μουστάρδα με μαύρους σπόρους (μουστάρδα Ντιζόν)*
- *1 $^{2}/_{3}$ φλιτζάνια κρέμα καρύδας*
- *350 γρ. μικρά φύλλα σπανακιού*
- *1 κουταλιά φρέσκος κορίανδρος, ψιλοκομμένος*

Σωτάρετε τη φακή σε μεγάλη κατσαρόλα με βραστό νερό για 10 περίπου λεπτά ή ώσπου να μαλακώσει. Στραγγίστε την.
Στο μεταξύ, βράστε ή μαγειρέψτε σε ατμό ή σε φούρνο μικροκυμάτων την κολοκύθα, ώσπου να μαλακώσει. Στραγγίστε την.
Ζεστάνετε το λάδι σε ένα γουόκ ή σε ένα μεγάλο τηγάνι. Σωτάρετε το κρεμμύδι, το τζίντζερ και το σκόρδο, ώσπου να ροδίσει το κρεμμύδι. Προσθέστε την πάστα και τους σπόρους. Σωτάρετε ανακατεύοντας, ώσπου να πάρουν άρωμα. Προσθέστε τη φακή, την κολοκύθα και την κρέμα καρύδας. Σωτάρετε ανακατεύοντας μέχρι να βράσει η σάλτσα. Προσθέστε το σπανάκι και τον κορίανδρο. Συνεχίστε το σωτάρισμα, ώσπου να μαραθεί το σπανάκι.

Μερίδες 4.

Κοτόπουλο με Ντομάτα, Ελιές και Βασιλικό

- *2 κουταλιές λάδι*
- *8 μπούτια κοτόπουλου 1.300 γρ.*
- *2 σκελίδες σκόρδο, πολτοποιημένες*
- *4 μεσαίες ντομάτες, ξεφλουδισμένες χωρίς σπόρο, κομμένες σε λεπτές φέτες*
- *2 κουταλιές καφέ ζάχαρη*
- *1 κουταλιά βαλσαμικό ξίδι*
- *1/4 φλιτζανιού μαύρες ελιές χωρίς κουκούτσι, ψιλοκομμένες*
- *2 κουταλιές φρέσκος βασιλικός ψιλοκομμένος*

Ζεστάνετε το λάδι σε ένα μεγάλο τηγάνι. Σωτάρετε το κοτόπουλο σε δόσεις, ώσπου να ροδίσει και από τις 2 πλευρές και να μαγειρευτεί καλά. Στραγγίστε το σε απορροφητικό χαρτί. Σκεπάστε το.

Προσθέστε σκόρδο στο ίδιο τηγάνι. Σωτάρετε ανακατεύοντας, ώσπου να μαλακώσει. Προσθέστε τη ντομάτα, τη ζάχαρη, το ξίδι και τις ελιές. Ανακατώστε και σωτάρετε, ώσπου να διαλυθεί η ζάχαρη. Σωτάρετε για περίπου 5 λεπτά ή ώσπου να πηκτώσει η σάλτσα ντομάτας. Πριν σερβίρετε, περιχύστε το κοτόπουλο με τη σάλτσα ντομάτας και πασπαλίστε με βασιλικό.

Μερίδες 4.

Μανιτάρια με Βούτυρο και Σκόρδο

- *400 γρ. μανιτάρια*
- *2 κουταλιές φιστικέλαιο*
- *1 μεγάλο καφέ κρεμμύδι, ψιλοκομμένο*
- *2 σκελίδες σκόρδο, πολτοποιημένες*
- *400 γρ. πλατιά καστανά μανιτάρια*
- *400 γρ. μικρά μανιτάρια*
- *2 κουταλάκια αλάτι*
- *100 γρ. βούτυρο*

Κόψτε τα μανιτάρια στα 4. Ζεστάνετε το λάδι σε ένα γουόκ ή σε ένα μεγάλο τηγάνι. Σωτάρετε ανακατεύοντας το κρεμμύδι, το σκόρδο και όλα τα μανιτάρια σε δόσεις, ώσπου να μαλακώσουν. Βάλτε τα μανιτάρια ξανά στο γουόκ με αλάτι και βούτυρο. Σωτάρετε ανακατεύοντας μέχρι να λιώσει το βούτυρο. Σερβίρετέ τα πάνω σε ψημένο ψωμί και πασπαλίστε τα με μικρά φύλλα βασιλικού, αν επιθυμείτε.

Μερίδες 4

Τούρκικο Αρνάκι με Σπανάκι και Κουκουνάρια

- *1 κουταλιά λάδι*
- *$^{1}/_{2}$ φλιτζάνι κουκουνάρια*
- *750 γρ. αρνίσιο κιμά*
- *2 μεγάλα κρεμμύδια, ψιλοκομμένα*
- *2 σκελίδες σκόρδο, πολτοποιημένες*
- *4 μικρές καυτερές πιπεριές χωρίς σπόρο, ψιλοκομμένες*
- *1 κουταλιά κορίανδρος αλεσμένος*
- *1 κουταλιά κύμινο αλεσμένο*
- *500 γρ. σπανάκι χοντροκομμένο*
- *$^{1}/_{4}$ φλιτζανιού δυόσμος, ψιλοκομμένος*
- *4 μεγάλες πίτες*
- *300 ml γιαούρτι*
- *1 κουταλιά χυμός λεμονιού*

Ζεστάνετε μισό από το λάδι σε ένα μεγάλο τηγάνι.
Σωτάρετε τα κουκουνάρια μέχρι να ροδίσουν.
Στραγγίστε τα πάνω σε απορροφητικό χαρτί.
Σωτάρετε το αρνί στο ίδιο τηγάνι σε δόσεις, μέχρι να ροδίσει.
Ζεστάνετε το υπόλοιπο λάδι στο ίδιο τηγάνι. Σωτάρετε το κρεμμύδι, το σκόρδο, τις καυτερές πιπεριές, τον κορίανδρο και το κύμινο, μέχρι να ροδίσει ελαφρά. Βάλτε ξανά το αρνί στο τηγάνι με τα κουκουνάρια, το σπανάκι και το δυόσμο. Σωτάρετε ανακατεύοντας ώσπου να μαραθεί το σπανάκι.
Χωρίστε το μείγμα από το αρνί για τις πίτες.
Σερβίρετε με γιαούρτι και χυμό.

Μερίδες 4.

Μπιφτέκια Κοτόπουλου Σατέ

- *1 λαγάνα*
- *750 γρ. ψιλοκομμένο κοτόπουλο*
- *1 φλιτζάνι παλιό ψωμί τριμμένο*
- *1/4 φλιτζανιού φρέσκος κορίανδρος, ψιλοκομμένος*
- *2/3 φλιτζανιού σάλτσα σατέ*
- *1 μεγάλο καρότο, καθαρισμένο*
- *1 αγγούρι*
- *1 φλιτζάνι γιαούρτ*

Χωρίστε τη λαγάνα στα 4 κατά μήκος. Κόψτε κάθε κομμάτι στη μέση και οριζόντια. Τοποθετήστε τα κομμάτια με την κομμένη επιφάνεια προς τα πάνω σε ένα ταψί. Ψήστε τα στο γκριλ και από τις 2 πλευρές, ώσπου να ροδίσουν.

Αναμείξτε το κοτόπουλο, το τριμμένο ψωμί, τον κορίανδρο και μισή από τη σάλτσα, σε ένα μεσαίου μεγέθους μπολ. Φτιάξτε τέσσερα σαντουιτσάκια. Τηγανίστε τα σε ζεστό λάδι ώσπου να ροδίσουν και από τις 2 πλευρές.

Στο μεταξύ, καθαρίστε και κόψτε σε λεπτά κομμάτια ένα αγγούρι και ένα καρότο.

Βάλτε σε κάθε σάντουιτς ένα μπιφτέκι, ίσες ποσότητες καρότου και αγγουριού, γιαούρτι και την υπόλοιπη σάλτσα.

Μερίδες 4.

Χοιρινό με Φασολάκια

- *4 φέτες μπέικον, χοντροκομμένες*
- *1 κουταλιά φιστικέλαιο*
- *700 γρ. χοιρινά φιλέτα, κομμένα σε λεπτές φέτες*
- *1 μεγάλο κρεμμύδι, κομμένο σε λεπτές φέτες*
- *$^1/_4$ φλιτζανιού πάστα κάρι*
- *200 γρ. φασολάκια, χοντροκομμένα*
- *$^1/_2$ φλιτζάνι ζωμός βοδινού*
- *1 κουταλιά ντοματοπολτός*
- *λάδι*

Ζεστάνετε χωρίς λάδι ένα γουόκ ή ένα μεγάλο τηγάνι και σωτάρετε ανακατεύοντας το μπέικον, ώσπου να γίνει τραγανό. Στραγγίστε το πάνω σε απορροφητικό χαρτί. Ζεστάνετε λάδι στο ίδιο γουόκ. Σωτάρετε το κρεμμύδι και το χοιρινό σε δόσεις, ώσπου να ροδίσει.
Σωτάρετε την πάστα κάρι στο ίδιο γουόκ, ώσπου να πάρει άρωμα. Προσθέστε στο γουόκ τα φασολάκια με το χοιρινό, το μπέικον, το ζωμό και την πάστα. Συνεχίστε το σωτάρισμα ανακατεύοντας, ώσπου να βράσει η σάλτσα.

Μερίδες 4.

Χοιρινές Μπριζόλες με Πορτοκάλι

- *4 χοιρινές μπριζόλες*
- *1/2 φλιτζάνι μαρμελάδα πορτοκάλι*
- *2 κουταλιές απαλή σάλτσα τσίλι*
- *1 κουταλιά μηλόξιδο*
- *1 κουταλάκι φρέσκο τζίντζερ, τριμμένο*
- *1 κουταλάκι κύμινο αλεσμένο*
- *3 φρέσκα κρεμμυδάκια, ψιλοκομμένα*

Σωτάρετε τις μπριζόλες σε ένα μεγάλο τηγάνι, ώσπου να ροδίσουν και από τις 2 πλευρές. Απομακρύντε τις μπριζόλες από το τηγάνι και σκεπάστε τες, για να μείνουν ζεστές.

Στο μεταξύ, σωτάρετε ανακατεύοντας τη μαρμελάδα, τη σάλτσα τσίλι, το μηλόξιδο, το τζίντζερ και το κύμινο σε μια μικρή κατσαρόλα, ώσπου να πηκτώσει η σάλτσα.

Προσθέστε το κρεμμύδι μέσα στη σάλτσα. Περιχύστε τη σάλτσα πάνω από τις μπριζόλες.

Μερίδες 4.

Φιλέτα Ψαριού με Λεμόνι και Τζίντζερ

- *4 φιλέτα άσπρου ψαριού (περίπου 800 γρ.)*
- *λάδι*
- *80 γρ. βούτυρο*
- *1 κουταλάκι ξύσμα λεμονιού*
- *1 κουταλάκι φρέσκο τζίντζερ τριμμένο*
- *2 κουταλιές χυμός λεμονιού*
- *2 κουταλιές φρέσκος μαϊντανός, ψιλοκομμένος*
- *3 φρέσκα κρεμμυδάκια, ψιλοκομμένα*

Ζεστάνετε λάδι σε ένα μεγάλο τηγάνι και σωτάρετε το ψάρι, ώσπου να ροδίσει και από τις 2 πλευρές.
Στο μεταξύ, λιώστε το βούτυρο σε μια μικρή κατσαρόλα. Προσθέστε το ξύσμα, το χυμό λεμονιού και το τζίντζερ. Σωτάρετε για 1 λεπτό. Προσθέστε το μαϊντανό και το κρεμμύδι στη σάλτσα με το βούτυρο. Περιχύστε τη σάλτσα πάνω από το ψάρι.

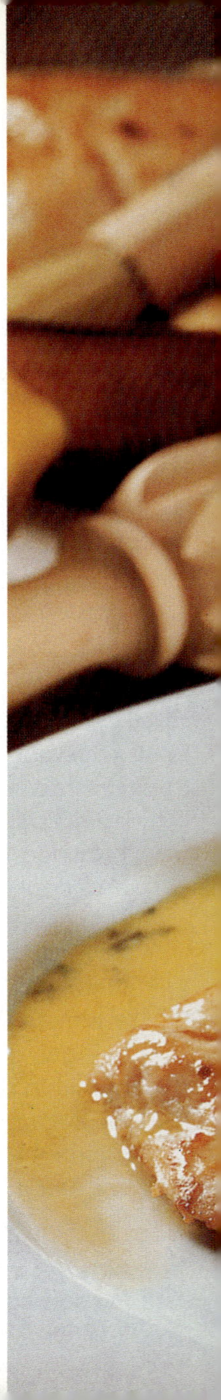

Μερίδες 4.

Σνίτσελ με Λεμόνι και Πιπέρι

- *8 σνίτσελ μοσχαριού (περίπου 720 γρ.)*
- *λάδι*
- *300 ml κρέμα γάλακτος*
- *1 κουταλάκι ξύσμα λεμονιού*
- *2 κουταλιές χυμός λεμονιού*
- *2 κουταλάκια φρέσκο δενδρολίβανο, ψιλοκομμένο*
- *1 κουταλάκι σκόνη από ζωμό κοτόπουλου*
- *1 κουταλάκι μαύρο πιπέρι, κοπανισμένο*

Ζεστάνετε το λάδι σε ένα μεγάλο τηγάνι και σωτάρετε το μοσχάρι σε δόσεις, ώσπου να ροδίσει και από τις 2 πλευρές και να μαγειρευτεί, όπως επιθυμείτε. Βάλτε το μοσχάρι στην άκρη. Σκεπάστε το, για να διατηρηθεί ζεστό.
Προσθέστε τα υπόλοιπα υλικά στο ίδιο τηγάνι. Αφήστε τα να πάρουν μια βράση. Σωτάρετε για περίπου 5 λεπτά ή ώσπου να πηχτώσει ελαφρά η σάλτσα. Βάλτε το μοσχάρι ξανά στο τηγάνι. Περιχύστε με τη σάλτσα.

Μερίδες 4.

Μοσχαρίσιες Μπριζόλες με Σος Κορίανδρου

- *$^{1}/_{4}$ φλιτζανιού γιαούρτι*
- *1 κουταλάκι ξύσμα λεμονιού*
- *1 κουταλιά χυμός λεμονιού*
- *1 κουταλιά πάστα ταντούρι*
- *8 μοσχαρίσιες μπριζόλες με κόκαλο (1 κιλό)*

Σος Κορίανδρου

- *1 φλιτζάνι γιαούρτι*
- *2 αγγούρια, χωρίς σπόρο, ψιλοκομμένα*
- *1 μεγάλη ντομάτα, χωρίς σπόρο, κομμένη σε λεπτές φέτες*
- *1 κουταλάκι κύμινο αλεσμένο*
- *1 κουταλιά χυμός λεμονιού*
- *1 κουταλιά φρέσκος κορίανδρος ψιλοκομμένος*

Ανακατώστε το γιαούρτι, το ξύσμα, το χυμό, την πάστα και τις μπριζόλες σε ένα μεγάλο μπολ και σκεπάστε τα. Αφήστε τα για 10 λεπτά.
Σωτάρετε (ή μαγειρέψτε στο γκριλ ή στο μπάρμπεκιου) τις μπριζόλες ώσπου να ροδίσουν και από τις 2 πλευρές και να μαγειρευτούν, όπως επιθυμείτε.
Σερβίρετε τις μπριζόλες με Σος Κορίανδρου.

Σος Κορίανδρου
Ανακατώστε καλά όλα τα υλικά σ' ένα μπολ.

Μερίδες 4.

Φιλέτα Τόνου με Σωταρισμένα Λαχανικά

- *3 μεσαίες πατάτες*
- *2 μεσαία λεμόνια*
- *2 μικρά αγγουράκια τουρσί, ψιλοκομμένα*
- *4 μικρά φιλέτα τόνου (600 γρ.)*
- *2 κουταλάκια ξεράμενο πράσινο πιπέρι*
- *2 κουταλάκια μικροί ξηροί κόκκοι κάπαρη*
- *λάδι*

Βράστε, μαγειρέψτε στον ατμό ή σε φούρνο μικροκυμάτων τις πατάτες, ώσπου να μαλακώσουν. Κόψτε κάθε πατάτα σε 4 κομμάτια. Κόψτε κάθε λεμόνι σε 6 φέτες. Σωτάρετε με λάδι το λεμόνι, τις πατάτες και τα αγγουράκια σε δόσεις στο γκριλ ή στο μπάρμπεκιου, ώσπου να ροδίσουν και να γίνουν τρυφερά. Σκεπάστε τα για να μείνουν ζεστά.

Σωτάρετε τα φιλέτα του τόνου στο ίδιο γκριλ, ώσπου να ροδίσουν και να μαγειρευτούν, όπως επιθυμείτε. Σκεπάστε τα για να διατηρηθούν ζεστά.

Ζεστάνετε το πιπέρι και την κάπαρη στο ίδιο γκριλ.

Μοιράστε τις πατάτες στα πιάτα, τοποθετήστε τα φιλέτα τόνου από πάνω και έπειτα το λεμόνι και τα αγγουράκια. Πασπαλίστε με πιπέρι και κάπαρη.

Μερίδες 4.

Μπουρίτος με Κοτόπουλο και Λαχανικά

- *1 κουταλιά σπορέλαιο*
- *300 γρ. φιλέτα από μπούτια κοτόπουλου, κομμένα σε μικρά κομμάτια*
- *2 μεσαία καφέ κρεμμύδια, ψιλοκομμένα*
- *2 κουταλάκια κύμινο αλεσμένο*
- *2 κουταλάκια κορίανδρος αλεσμένος*
- *1 κουταλάκι γλυκιά πάπρικα*
- *1 κονσέρβα ντοματάκια*
- *2 μικρά καρότα, ψιλοκομμένα*
- *250 γρ. μπρόκολα, ψιλοκομμένα*
- *2 κουταλιές ξινή κρέμα γάλακτος*
- *4 μεξικάνικες πίτες 25 εκ.*

Ζεστάνετε το λάδι σε ένα μεγάλο τηγάνι. Σωτάρετε το κοτόπουλο σε δόσεις, ώσπου να ροδίσει. Στραγγίστε το σε απορροφητικό χαρτί. Σωτάρετε το κρεμμύδι στο ίδιο τηγάνι, ώσπου να μαλακώσει. Προσθέστε το κύμινο, τον κορίανδρο και την πάπρικα. Σωτάρετε ανακατεύοντας, ώσπου να πάρουν άρωμα.
Καθαρίστε τις ντομάτες χωρίς να τις στραγγίσετε και ανακατώστε τες με τα καρότα. Σωτάρετε, ώσπου να μαλακώσουν τα καρότα και να πηκτώσει η σάλτσα. Βάλτε το κοτόπουλο στο τηγάνι με τα μπρόκολα. Σωτάρετε ανακατεύοντας, ώσπου να μαλακώσουν τα μπρόκολα. Προσθέστε την κρέμα γάλακτος. Μοιράστε το μείγμα στις μεξικάνικες πίτες και τυλίξτε τα.
Σερβίρετε με σαλάτα και τριμμένο τυρί τσένταρ, αν επιθυμείτε.

Μερίδες 4.

Φιλέτα Ψαριού στο Γκριλ με Λάιμ και Πιπέρι

- *2 κουταλάκια ξύσμα λάιμ*
- *$^1/_2$ κουταλάκι μαύρο πιπέρι, κοπανισμένο*
- *2 κουταλιές λάδι*
- *2 κουταλιές σκορδόπρασα (τσάιβς), ψιλοκομμένα*
- *4 φιλέτα άσπρου ψαριού (720 γρ. περίπου)*
- *1 μεγάλο κόκκινο κρεμμύδι*
- *2 μέτρια λάιμ*

Αναμείξτε το ξύσμα, το πιπέρι, το λάδι και τα σκορδόπρασα σε ένα μεγάλο μπολ. Προσθέστε το ψάρι και γυρίστε διαδοχικά τις πλευρές του, για να επιστρωθούν με το μείγμα.
Κόψτε το κρεμμύδι και το λάιμ σε τριγωνικά κομμάτια.
Σωτάρετε (ή ψήστε στο γκριλ ή στο μπάρμπεκιου) το ψάρι, το κρεμμύδι και τα λάιμ, ώσπου να ροδίσουν.
Σερβίρετε το ψάρι με κρεμμύδι και λάιμ.

Μερίδες 4.

Αρνάκι με Σπανάκι και Φέτα

- *2 κουταλιές λάδι*
- *1 μεσαίο καφέ κρεμμύδι, ψιλοκομμένο*
- *500 γρ. φιλέτα αρνιού, κομμένα σε μικρά κομμάτια*
- *500 γρ. μικρά ντοματάκια*
- *200 γρ. μικρά φύλλα σπανακιού*
- *200 γρ. τυρί φέτα, τριμμένο*

Ζεστάνετε το λάδι σε ένα γουόκ ή σε ένα μεγάλο τηγάνι. Σωτάρετε το κρεμμύδι και το αρνί σε δόσεις, ώσπου να ροδίσουν και να μαλακώσουν. Βάλτε τα στην άκρη.

Σωτάρετε τις ντομάτες μέχρι να μαλακώσουν. Βάλτε το μείγμα με το αρνί ξανά στο γουόκ και προσθέστε το σπανάκι. Ανακατώστε, ώσπου να μαραθεί το σπανάκι. Προσθέστε τη φέτα. Σωτάρετε ανακατεύοντας.

Μερίδες 4.

Φετουτσίνι με Μπρόκολα, Σαλάμι και Λιαστή Ντομάτα

- *500 γρ. φετουτσίνι*
- *120 γρ. σαλάμι, σε λεπτές φέτες*
- *300 γρ. μπρόκολα, χοντροκομμένα*
- *600 ml παχύρρευστη ελαφριά κρέμα γάλακτος*
- *$^{2}/_{3}$ φλιτζανιού λιαστή ντομάτα, στραγγισμένη και κομμένη σε φέτες*
- *2 κουταλιές τυρί παρμεζάνα, τριμμένο*

Βράστε τα ζυμαρικά σε μία μεγάλη κατσαρόλα, ώσπου να μαλακώσουν. Στραγγίστε τα. Σκεπάστε τα για να διατηρηθούν ζεστά.
Στο μεταξύ, κόψτε το σαλάμι σε μακρόστενες φέτες. Σωτάρετε ανακατεύοντας σε αντικολλητικό τηγάνι σε μέτρια φωτιά, ώσπου να γίνει τραγανό. Στραγγίστε το σε απορροφητικό χαρτί.
Βράστε ή μαγειρέψτε σε ατμό ή σε φούρνο μικροκυμάτων τα μπρόκολα, ώσπου να μαλακώσουν. Στραγγίστε τα.
Βάλτε την κρέμα γάλακτος σε μία μεγάλη κατσαρόλα. Προσθέστε το σαλάμι, τα μπρόκολα, την ντομάτα, την παρμεζάνα και ανακατώστε μέχρι να ζεσταθούν. Προσθέστε τα ζυμαρικά στο τηγάνι. Ανακατώστε.

Μερίδες 4.

Πίτσα με Σαλάμι και Σκόρδο

- *2 μεγάλες κατεψυγμένες βάσεις για πίτσα*
- *$^1/_4$ φλιτζανιού ντοματοπολτός*
- *1 σκελίδα σκόρδο, πολτοποιημένη*
- *2 κουταλιές φρέσκος βασιλικός, ψιλοκομμένος*
- *1 μικρό καφέ κρεμμύδι, ψιλοκομμένο*
- *50 γρ. σαλάμι, κομμένο σε λεπτές φέτες*
- *1 λουκάνικο, κομμένο σε λεπτές φέτες*
- *$^1/_2$ φλιτζάνι μαύρες ελιές, χωρίς κουκούτσι*
- *1 φλιτζάνι τυρί μοτσαρέλα, χοντροκομμένο*
- *1 φλιτζάνι τυρί τσένταρ, χοντροκομμένο*
- *30 γρ. βούτυρο*
- *4 σκελίδες σκόρδο, πολτοποιημένες (επιπλέον)*

Τοποθετήστε τις βάσεις για πίτσα σε ταψιά και απλώστε στην καθεμιά τον πολτό ντομάτας, το σκόρδο και το βασιλικό. Απλώστε από επάνω το κρεμμύδι, το σαλάμι, το λουκάνικο και τις ελιές. Πασπαλίστε με τη μισή ποσότητα από τα τυριά μοτσαρέλα και τσένταρ. Ψήστε την πίτσα σε καυτό φούρνο για περίπου 20 λεπτά ή ώσπου να γίνει τραγανή.
Στο μεταξύ, απλώστε πάνω στην άλλη βάση βούτυρο και επιπλέον σκόρδο.
Πασπαλίστε την με τα υπόλοιπα τυριά. Ψήστε την σε καυτό φούρνο για περίπου 15 λεπτά ή ώσπου να ροδίσει.
Ρίξτε από πάνω το σαλάμι με επιπλέον φύλλα φρέσκου βασιλικού, αν επιθυμείτε.

Μερίδες 4.

Σουβλάκια Μοσχαριού Σατέ

- *$^{1}/_{4}$ φλιτζανιού φρέσκος κορίανδρος*
- *850 γρ. φιλέτο μοσχαριού*
- *$^{1}/_{2}$ φλιτζάνι σάλτσα σατέ*
- *2 αγγούρια*
- *2 φρέσκα κρεμμυδάκια, ψιλοκομμένα*
- *2 κουταλιές γλυκιά σάλτσα τσίλι*

Κόψτε 2 κουταλιές κορίανδρο. Κόψτε το μοσχάρι σε κομμάτια 2 εκ. Αναμείξτε τα με τον κορίανδρο και το μισό της σάλτσας σατέ, σε ένα μεγάλο πιάτο. Σκεπάστε τα και αφήστε τα για 10 λεπτά.
Κόψτε τα αγγούρια σε λεπτές φέτες. Βάλτε τα αγγούρια σε ένα μεσαίο μπολ με το κρεμμύδι, τον κορίανδρο και τη σάλτσα τσίλι. Περάστε το μοσχάρι σε 8 σουβλάκια. Σωτάρετε (ή ψήστε στο γκριλ ή στο μπάρμπεκιου) τα σουβλάκια, ώσπου να ροδίσουν όλα και να μαγειρευτούν, όπως επιθυμείτε.
Σερβίρετε τα σουβλάκια με την υπόλοιπη σάλτσα σατέ και το μείγμα από τα αγγούρια.

Μερίδες 4.

Τηγανητό Μοσχάρι με Λαχανικά

- *750 γρ. φιλέτο μοσχάρι, κομμένο σε μικρά κομμάτια*
- *1 κουταλιά φρέσκο τζίντζερ, ψιλοκομμένο*
- *2 κουταλιές χυμός λεμονιού*
- *2 κουταλιές μέλι*
- *$^1/_4$ φλιτζανιού σάλτσα ντομάτας*
- *2 κουταλιές φιστικέλαιο*
- *500 γρ. φρέσκα λαχανικά*
- *2 κουταλιές σάλτσα σόι*

Αναμείξτε το τζίντζερ, το χυμό, το μέλι και τη σάλτσα ντομάτας. Ανακατώστε τη μισή ποσότητα αυτού του μείγματος με το μοσχάρι, σε ένα μεγάλο μπολ.
Ζεστάνετε μισό από το λάδι σε ένα γουόκ ή σε ένα μεγάλο τηγάνι. Σωτάρετε το μοσχάρι σε δόσεις, ώσπου να ροδίσει. Ζεστάνετε το υπόλοιπο λάδι στο ίδιο γουόκ. Σωτάρετε ανακατεύοντας τα λαχανικά, ώσπου να μαλακώσουν. Βάλτε το μοσχάρι στο γουόκ με το υπόλοιπο μείγμα από σάλτσα ντομάτας και σάλτσας σόι. Σωτάρετε, ώσπου να βράσει η σάλτσα.

Μερίδες 4.

Αρνίσια Παϊδάκια με Παντζάρια και Τζατζίκι

- *12 αρνίσια παϊδάκια*
- *2 κουταλιές χυμός λεμονιού*
- *2 σκελίδες σκόρδο, πολτοποιημένες*
- *2 κουταλιές λάδι*
- *900 γρ. μικρά παντζάρια*
- *250 γρ. τζατζίκι*

Αναμείξτε το αρνί, το χυμό, το σκόρδο και το λάδι σε ένα μεγάλο μπολ.
Κόψτε τα φύλλα από τα παντζάρια. Βράστε ή μαγειρέψτε στον ατμό ή στο φούρνο μικροκυμάτων τα παντζάρια, χωρίς να τα καθαρίσετε, ώσπου να μαλακώσουν.
Στραγγίστε τα. Καθαρίστε τα και κόψτε τα στα 4.
Στραγγίστε τα παϊδάκια από τη μαρινάτη σάλτσα.
Τηγανίστε τα ή ψήστε τα στο γκριλ ή στο μπάρμπεκιου, ώσπου να ροδίσουν και από τις 2 πλευρές.
Σερβίρετε τα παϊδάκια με τα παντζάρια και περιχύστε τα με λίγο τζατζίκι.

Μερίδες 4.

Ριζότο με Κοτόπουλο και Αρακά

- *5 φλιτζάνια ζωμός κοτόπουλου*
- *60 γρ. βούτυρο*
- *4 φρέσκα κρεμμυδάκια, ψιλοκομμένα*
- *1 σκελίδα σκόρδο, πολτοποιημένη*
- *2 κουταλάκια φύλλα φρέσκο θυμάρι*
- *1 $^{1}/_{2}$ φλιτζάνι ρύζι*
- *1 $^{1}/_{2}$ φλιτζάνι κατεψυγμένος αρακάς*
- *2 φλιτζάνια μαγειρεμένο κοτόπουλο, κομμένο σε μεγάλα κομμάτια*
- *1 φλιτζάνι τυρί παρμεζάνα, τριμμένο*

Βράστε το ζωμό σε μία μεσαία κατσαρόλα. Σιγοβράστε τον σε χαμηλή φωτιά.
Λιώστε το βούτυρο σε μία μεγάλη κατσαρόλα. Σωτάρετε ανακατεύοντας το κρεμμύδι, το σκόρδο και το θυμάρι, ώσπου να μαλακώσει το κρεμμύδι. Προσθέστε το ρύζι. Σωτάρετε για 1 λεπτό ή ώσπου να βουτυρωθεί το ρύζι. Προσθέστε $^{1}/_{2}$ φλιτζάνι από το ζωμό που σιγοβράζει. Συνεχίστε να ανακατώνετε το μείγμα με το ρύζι σε μέτρια φωτιά, ώσπου να απορροφηθεί ο ζωμός.
Προσθέστε τον υπόλοιπο ζωμό, $^{1}/_{2}$ φλιτζάνι κάθε φορά και ανακατώστε, ώσπου να απορροφηθεί. Αφήστε το στη φωτιά για 25 περίπου λεπτά ή ώσπου να γίνει το ρύζι υδαρές και τρυφερό. Στο μεταξύ, ρίξτε βραστό νερό πάνω από τον αρακά. Αφήστε το για 2 λεπτά. Στραγγίστε.
Ανακατώστε τον αρακά και το κοτόπουλο με το ριζότο, ώσπου να ζεσταθεί καλά. Κατεβάστε το από τη φωτιά και προσθέστε τυρί.

Μερίδες 4.

Ψάρι με Σουσάμι και Σάλτσα Σόι και Τσίλι

- *4 φιλέτα άσπρου ψαριού (περίπου 800 γρ.)*
- *κοινό αλεύρι*
- *1 αβγό, ελαφρά χτυπημένο*
- *1 φλιτζάνι σουσάμι*
- *σπορέλαιο για τηγάνισμα*

Σάλτσα Σόι και Τσίλι

- *2 φρέσκα κρεμμυδάκια, ψιλοκομμένα*
- *$^{1}/_{2}$ φλιτζάνι ελαφριά σάλτσα σόι*
- *1 κουταλιά γλυκιά σάλτσα τσίλι*

Αλευρώστε το ψάρι. Βουτήξτε το ψάρι στο αβγό και έπειτα, επικαλύψτε το με σουσάμι. Ζεστάνετε λάδι σε ένα μεγάλο τηγάνι. Τηγανίστε το ψάρι, ώσπου να ροδίσει και από τις 2 πλευρές και στραγγίστε το σε απορροφητικό χαρτί. Σερβίρετε το ψάρι με Σάλτσα Σόι και Τσίλι.

Σάλτσα Σόι και Τσίλι

Αναμείξτε τα υλικά σε ένα μικρό μπολ.

Μερίδες 4.

Κοτόπουλο στα Κάρβουνα με Σκόρδο και Θυμάρι

- *4x500 γρ. κομμάτια κοτόπουλου*
- *1 μέτριο λάιμ*
- *$^1/_4$ φλιτζανιού λάδι*
- *1 κουταλιά φρέσκο θυμάρι*
- *1 κουταλιά μαύρο πιπέρι, κοπανισμένο*
- *2 σκελίδες σκόρδο, πολτοποιημένες*

Βάλτε τα κομμάτια κοτόπουλου πάνω σε ένα πάγκο. Αφαιρέστε τα κόκαλα. Ξεπλύνετε το κοτόπουλο με νερό και στραγγίστε το πάνω σε απορροφητικό χαρτί.
Τρίψτε ξύσμα λάιμ και στίψτε χυμό. Αναμείξτε το λάδι, το θυμάρι, το πιπέρι, το σκόρδο, το ξύσμα και το χυμό λάιμ σε ένα μεγάλο πιάτο. Προσθέστε τα κομμάτια κοτόπουλου και βουτήξτε τα στο μείγμα λαδιού. Σκεπάστε τα. Αφήστε τα για 10 λεπτά.
Στραγγίστε τα κομμάτια κοτόπουλου από τη μαρινάτη σάλτσα. Ψήστε τα στα κάρβουνα, ώσπου να ροδίσουν και από τις 2 πλευρές και να μαγειρευτούν καλά. Κατά τη διάρκεια του ψησίματος αλείφετέ τα ανά τακτά χρονικά διαστήματα με λίγη από τη μαρινάτη σάλτσα, που έχετε κρατήσει.
Σερβίρετε με τηγανητές μελιτζάνες και κολοκυθάκια, αν επιθυμείτε.

Μερίδες 4.

Πικάντικα Σάντουιτς με Μοσχάρι

- *2 κουταλιές μπαχαρικό καγιούν*
- *2 κουταλιές λάδι*
- *8 μικρά κομμάτια μοσχάρι (περίπου 800 γρ.)*
- *1 μεγάλο καφέ κρεμμύδι, ψιλοκομμένο*
- *$^{1}/_{2}$ μικρή κόκκινη πιπεριά, ψιλοκομμένη*
- *$^{1}/_{2}$ μικρή πράσινη πιπεριά, ψιλοκομμένη*
- *$^{1}/_{2}$ μικρή κίτρινη πιπεριά, ψιλοκομμένη*
- *$^{1}/_{2}$ φλιτζάνι νερό*
- *8 φέτες ψωμί*

Αναμείξτε το μπαχαρικό και μισό από το λάδι με το μοσχάρι.
Ζεστάνετε το υπόλοιπο λάδι σε ένα μεγάλο τηγάνι. Σωτάρετε ανακατεύοντας το κρεμμύδι, τις φέτες της πιπεριάς και το νερό, ώσπου να μαλακώσουν οι πιπεριές.
Απομακρύνετε τα υλικά από το τηγάνι. Σκεπάστε τα για να διατηρηθούν ζεστά.
Σωτάρετε το μοσχάρι σε δόσεις, στο ίδιο τηγάνι, ώσπου να ροδίσει και από τις 2 πλευρές και να μαγειρευτεί, όπως επιθυμείτε.
Στο μεταξύ, ψήστε το ψωμί. Βάλτε το μοσχάρι και το μείγμα πιπεριάς πάνω σε 4 φέτες ψωμί και από πάνω τις άλλες 4 φέτες.

Μερίδες 4.

Ψάρι με Κόκκινο Κάρι

- *$^1/_4$ φλιτζανιού πάστα κόκκινο κάρι*
- *1 $^2/_3$ φλιτζάνια γάλα καρύδας*
- *$^1/_2$ φλιτζάνι νερό*
- *250 γρ. πράσινα φασολάκια, χωρίς σπόρο*
- *750 γρ. φιλέτα άσπρου ψαριού, κομμένα σε μεγάλα κομμάτια*
- *$^1/_4$ φλιτζανιού φρέσκος κορίανδρος, ψιλοκομμένος*

Σωτάρετε ανακατεύοντας την πάστα σε ένα μεγάλο αντικολλητικό τηγάνι, ώσπου να πάρει άρωμα.
Προσθέστε το γάλα καρύδας και το νερό. Αφήστε τα να βράσουν. Προσθέστε τα φασόλια. Ανακατέψτε για 2 λεπτά. Προσθέστε το ψάρι. Ανακατέψτε ώσπου να μαγειρευτεί το ψάρι. Προσθέστε τον κορίανδρο.

Μερίδες 4.

Τέλεια Συνοδευτικά

Και ενώ το γεύμα είναι έτοιμο, τώρα χρειάζεστε ένα συνοδευτικό, που να είναι γρήγορο στην παρασκευή και χορταστικό. Δοκιμάστε αυτά τα νόστιμα συνοδευτικά και δεν θα χάσετε.

Κουσκούς με Φρούτα και Αμύγδαλα

- *2 φλιτζάνια κουσκούς*
- *2 φλιτζάνια βραστός ζωμός κοτόπουλου*
- *40 γρ. βούτυρο*
- *1/4 φλιτζανιού αποξηραμένες σταφίδες*
- *1/4 φλιτζανιού αποξηραμένα βερίκοκα, ψιλοκομμένα*
- *1/4 φλιτζανιού κομμένα αμύγδαλα*
- *1 κουταλιά φρέσκος κορίανδρος, ψιλοκομμένος*

Βάλτε το κουσκούς σε ένα πυρίμαχο μπολ μεσαίου μεγέθους. Προσθέστε το ζωμό και το βούτυρο. Ανακατώστε ελαφρά το κουσκούς με ένα πηρούνι, ώσπου να απορροφηθεί όλο το υγρό. Προσθέστε και τα υπόλοιπα υλικά και ανακατώστε ελαφρά.

Μερίδες 4.

Ιταλικός Πουρές Πατάτας

- *4 μεσαίες πατάτες, χοντροκομμένες*
- *40 γρ. βούτυρο*
- *1/4 φλιτζανιού γάλα*
- *1 κουταλάκι ζάχαρη*
- *1/4 φλιτζανιού τυρί παρμεζάνα, τριμμένο*
- *1/4 φλιτζανιού μαύρες ελιές, χωρίς κουκούτσι, ψιλοκομμένες*
- *1 κουταλιά φρέσκος βασιλικός, ψιλοκομμένος*

Βράστε ή μαγειρέψτε στον ατμό ή στο φούρνο μικροκυμάτων τις πατάτες, ώσπου να μαλακώσουν. Στραγγίστε και πολτοποιήστε τες.
Προσθέστε το βούτυρο, το γάλα και τη ζάχαρη. Αναμείξτε και τα υπόλοιπα υλικά.

Μερίδες 4.

Επάνω:Κουσκούς με Φρούτα και Αμύγδαλα.
Κέντρο: Ιταλικός Πουρές Πατάτας.
Κάτω: Ινδικό Ρύζι.

Ινδικό Ρύζι

- *2 κουταλάκια φιστικέλαιο*
- *1 μεσαίο καφέ κρεμμύδι, ψιλοκομμένο*
- *1 σκελίδα σκόρδο, πολτοποιημένη*
- *$^{1}/_{2}$ κουταλάκι τούρμερικ αλεσμένο*
- *1 κουταλάκι κορίανδρος αλεσμένος*
- *1 κουταλάκι κύμινο αλεσμένο*
- *1 κουταλάκι γκαράμ μασάλα*
- *1 $^{1}/_{2}$ φλιτζάνι ρύζι νυχάκι*
- *3 φλιτζάνια ζωμός κοτόπουλου*

Ζεστάνετε το λάδι σε μία κατσαρόλα μεσαίου μεγέθους. Σωτάρετε ανακατεύοντας το κρεμμύδι και το σκόρδο, ώσπου να μαλακώσει το κρεμμύδι. Προσθέστε τα μπαχαρικά. Σωτάρετε, ώσπου να πάρουν άρωμα. Προσθέστε το ρύζι και έπειτα τα ζωμό. Αφήστε τα να πάρουν μία βράση. Ανακατώστε για 12 λεπτά. Κατεβάστε τα από τη φωτιά. Αφήστε τα για 10 λεπτά.

Μερίδες 4.

Σαλάτα με Τορτελίνια Τυριού και Μουσταρδομαγιονέζα

- *250 γρ. φρέσκα τορτελίνια τυριού*
- *250 γρ. σπαράγγια, κομμένα σε κομμάτια των 4 εκ.*
- *200 γρ. μικρά πράσινα φασολάκια, καθαρισμένα*
- *1 μικρή κόκκινη πιπεριά, κομμένη σε χοντρές φέτες*
- *1 μικρή πράσινη πιπεριά, κομμένη σε χοντρές φέτες*
- *100 γρ. πλατιά καστανά μανιτάρια, κομμένα στα 4*
- *4 φρέσκα κρεμμυδάκια, κομμένα σε κομμάτια των 4 εκ.*

Μουσταρδομαγιονέζα

- *2 κρόκοι αβγών*
- *1 κουταλιά χυμός λεμονιού*
- *$^3/_4$ φλιτζανιού λάδι*
- *1 κουταλιά μουστάρδα με μαύρους σπόρους (μουστάρδα Ντιζόν)*
- *1 σκελίδα σκόρδο, πολτοποιημένη*
- *2 κουταλάκια νερό*

Βράστε τα ζυμαρικά σε μία μεγάλη κατσαρόλα με βραστό νερό, ώσπου να μαλακώσουν. Στραγγίστε τα και αφήστε τα να κρυώσουν.
Βράστε ή μαγειρέψτε στον ατμό ή στο φούρνο μικροκυμάτων τα σπαράγγια και τα φασολάκια χωριστά, ώσπου να μαλακώσουν. Ξεπλύνετε τα με κρύο νερό. Στραγγίστε τα.
Αναμείξτε τα ζυμαρικά και τα λαχανικά σε ένα μεγάλο μπολ. Περιχύστε τα με Μουσταρδομαγιονέζα.

Μουσταρδομαγιονέζα

Χτυπήστε τους κρόκους των αβγών με το χυμό, ώσπου να ασπρίσουν και να πηκτώσουν. Ρίχνετε το λάδι λίγο λίγο. Ανακατώστε ώσπου να γίνει το μείγμα παχύ. Προσθέστε τη μουστάρδα, το σκόρδο και το νερό.

Μερίδες 4.

Λαχανικά στην Κατσαρόλα

- 1 κουταλιά λάδι
- 1 μεσαίο καφέ κρεμμύδι, χοντροκομμένο
- 1 σκελίδα σκόρδο, πολτοποιημένη
- 1 $^1/_2$ κουταλιά κύμινο αλεσμένο
- 1 κουταλιά κορίανδρος αλεσμένος
- 2 κουταλάκια σπόροι κύμινου
- 2 μεσαίες μελιτζάνες, χοντροκομμένες
- 1 μεγάλο κολοκυθάκι, χοντροκομμένο
- 4 μεσαίες ντομάτες, κομμένες σε μεγάλα κομμάτια
- 300 γρ. αρακάς σε κονσέρβα, καθαρισμένος και στραγγισμένος
- 1 κουταλιά χυμός λεμονιού
- 1 φλιτζάνι ζωμός λαχανικών
- $^1/_3$ φλιτζανιού φρέσκος κορίανδρος, χοντροκομμένος

Ζεστάνετε λάδι σε μία μεγάλη κατσαρόλα. Σωτάρετε ανακατεύοντας το κρεμμύδι, το σκόρδο, τα μπαχαρικά, τους σπόρους κύμινου και τις μελιτζάνες, ώσπου να μαλακώσει το κρεμμύδι. Προσθέστε το κολοκυθάκι, τις ντομάτες και τον αρακά, ώσπου να μαλακώσουν τα λαχανικά. Προσθέστε το χυμό και το ζωμό. Σωτάρετε ανακατεύοντας, ώσπου να βράσει και να πηκτώσει το μείγμα. Πριν σερβίρετε, προσθέστε τον κορίανδρο. Αν επιθυμείτε, σερβίρετε τα λαχανικά με κουσκούς.

Μερίδες 4.

Μπριζόλες με Σάλτσα Βουτύρου και Κορίανδρου

- *4 μικρές μοσχαρίσιες μπριζόλες (περίπου 800 γρ.)*

Σάλτσα Βουτύρου και Κορίανδρου

- *40 γρ. βούτυρο*
- *1 κουταλιά φρέσκος κορίανδρος, ψιλοκομμένος*
- *1 κουταλάκι απαλό κάρι σκόνη*
- *1 κουταλιά χυμός λάιμ*
- *1 σκελίδα σκόρδο, πολτοποιημένη*

Μαγειρέψτε τις μπριζόλες (ή ψήστε τες στο γκριλ ή στο μπάρμπεκιου), ώσπου να ροδίσουν και από τις 2 πλευρές. Ρίξτε πάνω από τις μπριζόλες τη Σάλτσα Βουτύρου και Κορίανδρου.

Σάλτσα Βουτύρου Κορίανδρου

Αναμείξτε όλα τα υλικά σε ένα μικρό μπολ. Αδειάστε το μείγμα σε ένα φύλλο αλουμινόχαρτο και τυλίξτε το σφιχτά σε σχήμα κορμού. Βάλτε το στην κατάψυξη για περίπου 10 λεπτά ή ώσπου να παγώσει.

Μερίδες 4.

Πιπεράτο Ψάρι με Σος Βουτύρου και Λεμονιού

- *4 φιλέτα άσπρου ψαριού (800 γρ.)*
- *20 γρ. βούτυρο, λιωμένο*
- *1 κουταλάκι αλάτι*
- *2 κουταλάκια μαύρο πιπέρι, κοπανισμένο*
- *$^1/_2$ κουταλάκι γλυκιά πάπρικα*
- *1 $^1/_2$ κουταλάκι θυμάρι, αποξηραμένο*

Σος Βουτύρου και Λεμονιού

- *60 γρ. βούτυρο, λιωμένο*
- *1 φρέσκο κρεμμυδάκι, ψιλοκομμένο*
- *1 κουταλιά χυμός λεμονιού*

Αλείψτε και τις δυο πλευρές του ψαριού με βούτυρο. Πασπαλίστε τες ομοιόμορφα με τα υπόλοιπα υλικά, που έχετε ήδη αναμείξει. Ψήστε στο μπάρμπεκιου ή στο γκριλ τα φιλέτα ψαριού, ώσπου να ροδίσουν καλά και από τις 2 πλευρές. Σερβίρετέ τα περιχυμένα με τη Σος Βουτύρου και Λεμονιού.

Σος Βουτύρου και Λεμονιού
Αναμείξτε τα υλικά σε ένα μικρό μπολ.

Μερίδες 4.

Εύκολη Σαλάτα με Ντρέσιγκ

- *125 γρ. πράσινα φασόλια*
- *2x425 γρ. κονσέρβες με τόνο, στραγγισμένο*
- *410 γρ. κονσέρβα με μικρές πατάτες, στραγγισμένες και κομμένες στα 4*
- *250 γρ. ντοματάκια, κομμένα στα 2*
- *1 φλιτζάνι μαύρες ελιές, χωρίς κουκούτσι*
- *1 μεγάλο κόκκινο λάχανο*

Ντρέσιγκ

- *$^1/_3$ φλιτζανιού λάδι*
- *1 κουταλιά άσπρο ξύδι*
- *2 κουταλάκια μουστάρδα με μαύρους σπόρους*
- *1 κουταλάκι ζάχαρη*
- *1 σκελίδα σκόρδο, πολτοποιημένη*

Βάλτε τα φασόλια σε ένα μεγάλο πυρίμαχο μπολ, σκεπάστε τα με βραστό νερό και αφήστε τα για 5 λεπτά. Στραγγίστε τα καλά.
Κόψτε τον τόνο σε μεγάλα κομμάτια. Αναμείξτε τα φασόλια και τον τόνο με τα υπόλοιπα υλικά σε ένα μεγάλο μπολ. Περιχύστε τα με τη Ντρέσιγκ.

Ντρέσιγκ

Αναμείξτε τα υλικά σε ένα σκεύος. Ανακινήστε καλά.

Μερίδες 4.

Ραβιόλια με Σάλτσα Κολοκύθας

- *$^1/_4$ φλιτζανιού λάδι*
- *1 μικρό καφέ κρεμμύδι, ψιλοκομμένο*
- *1 σκελίδα σκόρδο, πολτοποιημένη*
- *600 γρ. κολοκύθα, ψιλοκομμένη*
- *1 $^1/_2$ φλιτζάνι ζωμός κοτόπουλου*
- *$^1/_2$ κουταλάκι μοσχοκάρυδο, αλεσμένο*
- *$^1/_2$ φλιτζάνι ελαφριά κρέμα γάλακτος*
- *600 γρ. φρέσκα ραβιόλια*
- *$^1/_3$ φλιτζανιού καρύδια, καβουρντισμένα*
- *2 κουταλιές σκορδόπρασα, χοντροκομμένα*

Ζεστάνετε μισό από το λάδι σε ένα μεγάλο τηγάνι. Σωτάρετε ανακατεύοντας το κρεμμύδι και το σκόρδο, ώσπου να μαλακώσει το κρεμμύδι. Κατεβάστε τα από τη φωτιά. Ζεστάνετε το υπόλοιπο λάδι στο ίδιο τηγάνι. Σωτάρετε την κολοκύθα, ώσπου να ροδίσει και από τις 2 πλευρές. Βάλτε το κρεμμύδι πίσω στο τηγάνι με το ζωμό και το μοσχοκάρυδο. Σωτάρετε ανακατεύοντας, ώσπου να απορροφηθεί το υγρό και να πολτοποιηθεί η κολοκύθα. Προσθέστε την κρέμα γάλακτος.
Στο μεταξύ, βράστε τα ζυμαρικά σε μία μεγάλη κατσαρόλα, ώσπου να μαλακώσουν. Στραγγίστε τα.
Σερβίρετε τα ζυμαρικά με τη σάλτσα κολοκυθιού και γαρνίρετε με καρύδια και σκορδόπρασα.

Μερίδες 4.

Σαλάτα Κοτόπουλου με Ντρέσιγκ Σουσαμιού

- *1 μεγάλο μαγειρεμένο κοτόπουλο*
- *2 μεσαία καρότα*
- *1 μικρό λάχανο, χοντροκομμένο*
- *6 φρέσκα κρεμμυδάκια, ψιλοκομμένα*
- *1 φλιτζάνι ρίζες φασολιών*
- *$^{1}/_{4}$ φλιτζανιού φρέσκος κορίανδρος*

Ντρέσιγκ Σουσαμιού

- *2 σκελίδες σκόρδο, πολτοποιημένες*
- *$^{1}/_{2}$ κουταλάκι σησαμέλαιο*
- *2 κουταλιές φιστικέλαιο*
- *1 κουταλιά σάλτσα σόι*
- *1 κουταλιά χυμός λεμονιού*
- *1 κουταλάκι ζάχαρη*
- *1 κουταλιά άσπρο ξίδι*

Κόψτε το κοτόπουλο σε 8 κομμάτια. Καθαρίστε και κόψτε τα καρότα σε μικρά κομμάτια. Τοποθετήστε τα καρότα, το λάχανο, τα κρεμμυδάκια, τις ρίζες και τον κορίανδρο σε πιατέλες σερβιρίσματος. Προσθέστε και το κοτόπουλο. Περιχύστε τη σαλάτα και το κοτόπουλο με τη Ντρέσιγκ Σουσαμιού.

Ντρέσιγκ Σουσαμιού

Ανακατώστε καλά όλα τα υλικά σ' ένα μπολ.

Μερίδες 4.

Αρνί Ταντούρι με Λάιμ

- *8 αρνίσια παϊδάκια (1.400 γρ.), καθαρισμένα*
- *1 σκελίδα σκόρδο, πολτοποιημένη*
- *$^{1}/_{4}$ φλιτζανιού πάστα ταντούρι*
- *2 μεσαία λάιμ, κομμένα σε λεπτές φέτες*
- *$^{1}/_{2}$ φλιτζάνι μάγκο τσάτνεϊ*
- *200 ml γιαούρτι*
- *2 κουταλιές φρέσκος κορίανδρος, ψιλοκομμένος*

Αναμείξτε το αρνί, το σκόρδο και την πάστα σε ένα μεγάλο μπολ. Σκεπάστε το. Βάλτε το στο ψυγείο για 10 λεπτά. Ψήστε στο γκριλ ή στο μπάρμπεκιου το αρνί και τα λάιμ, ώσπου να ροδίσουν και από τις 2 πλευρές.
Σερβίρετε το αρνί με τα λάιμ, το μάγκο τσάτνεϊ και το γιαούρτι με τον κορίανδρο.

Μερίδες 4.

Κοτόπουλο με Κάρι και Κανέλα

- ¼ φλιτζανιού σπορέλαιο
- 8 κομμάτια από μπούτι κοτόπουλου (1.300 γρ.)
- 4 μεσαία καφέ κρεμμύδια, ψιλοκομμένα
- 2 κουταλιές φρέσκο τζίντζερ, τριμμένο
- 1 ξύλο κανέλα
- 2 κουταλάκια σκόνη τσίλι
- 2 κουταλάκια κύμινο αλεσμένο
- 2 κουταλάκια κορίανδρος αλεσμένος
- 2 κουταλιές χυμός λάιμ

Ζεστάνετε μισό από το λάδι σε ένα μεγάλο τηγάνι. Σωτάρετε το κοτόπουλο σε δόσεις, ώσπου να ροδίσει και από τις 2 πλευρές. Στραγγίστε το σε απορροφητικό χαρτί.
Ζεστάνετε το υπόλοιπο λάδι στο ίδιο τηγάνι. Σωτάρετε ανακατεύοντας το κρεμμύδι, το τζίντζερ, την κανέλα, το τσίλι και τα μπαχαρικά, ώσπου να μαλακώσει το κρεμμύδι.
Βάλτε το κοτόπουλο με το χυμό στο τηγάνι. Σωτάρετε για περίπου 10 λεπτά ή ώσπου να μαγειρευτεί καλά το κοτόπουλο. Βγάλτε την κανέλα.

Μερίδες 4.

Μακαρόνια Βίδες με Μανιτάρια και Μπέικον

- *250 γρ. μακαρόνια βίδες*
- *1 κουταλιά λάδι*
- *1 μεσαίο καφέ κρεμμύδι, ψιλοκομμένο*
- *4 φέτες μπέικον, ψιλοκομμένες*
- *2 κουταλιές κουκουνάρια*
- *250 γρ. πλατιά καστανά μανιτάρια, ψιλοκομμένα*
- *$^{1}/_{2}$ φλιτζάνι ξινή κρέμα γάλακτος*
- *1 αβγό, χτυπημένο ελαφρά*
- *$^{1}/_{4}$ φλιτζανιού τυρί παρμεζάνα, τριμμένο*
- *$^{1}/_{4}$ φλιτζανιού φρέσκος μαϊντανός, ψιλοκομμένος*

Βράστε τα ζυμαρικά σε μία μεγάλη κατσαρόλα, ώσπου να μαλακώσουν. Στραγγίστε τα.
Στο μεταξύ, ζεστάνετε το λάδι σε ένα μεγάλο τηγάνι. Σωτάρετε ανακατεύοντας το κρεμμύδι, το μπέικον και τα κουκουνάρια, ώσπου να μαλακώσει το κρεμμύδι. Προσθέστε τα μανιτάρια. Σωτάρετε τα, ώσπου να μαλακώσουν. Προσθέστε τα υπόλοιπα υλικά. Συνεχίστε το σωτάρισμα σε χαμηλή φωτιά. Σερβίρετε τη σάλτσα πάνω από τα ζυμαρικά.

Μερίδες 4.

Ασιατική Σούπα με Νουντλς και Κοτόπουλο

- *1 κουταλιά φιστικέλαιο*
- *500 γρ. φιλέτα από μπούτι κοτόπουλου, κομμένα σε μικρά κομμάτια*
- *2 κουταλάκια φρέσκο τζίντζερ, τριμμένο*
- *100 γρ. μανιτάρια, ψιλοκομμένα*
- *1,5 λίτρο (6 φλιτζάνια) ζωμός κοτόπουλου*
- *2 φλιτζάνια νερό*
- *1 κουταλιά σάλτσα σόι*
- *$^1/_2$ κουταλάκι σησαμέλαιο*
- *$^1/_4$ φλιτζανιού κορνφλάουρ*
- *$^1/_4$ φλιτζανιού νερό, επιπλέον*
- *85 γρ στιγμιαία νουντλς*
- *130 γρ κονσέρβα καλαμπόκι, στραγγισμένο*
- *130 γρ κονσέρβα καλαμπόκι σε κρέμα*
- *6 φρέσκα κρεμμυδάκια ψιλοκομμένα*

Ζεστάνετε το φιστικέλαιο σε μία μεγάλη κατσαρόλα. Σωτάρετε το κοτόπουλο σε δόσεις, ώσπου να ροδίσει ελαφρά.
Προσθέστε το τζίντζερ και τα μανιτάρια. Σωτάρετε ανακατεύοντας, ώσπου να πάρουν άρωμα. Προσθέστε το ζωμό, το νερό, τη σάλτσα και το σησαμέλαιο.
Αναμείξτε το επιπλέον νερό και το κορνφλάουρ. Ανακατέψτε, ώσπου να βράσει και να πηκτώσει η σούπα. Σπάστε τα νουντλς στη μέση και προσθέστε το καλαμπόκι και το κρεμμύδι στη σούπα. Συνεχίστε το σωτάρισμα για 2 περίπου λεπτά ή ώσπου να μαλακώσουν τα νουντλς.

Μερίδες 4.

Κοτόπουλο με Σάλτσα Μανιταριού και Πάπρικας

- *1 κουταλιά λάδι*
- *4 φιλέτα από στήθος κοτόπουλου (περίπου 680 γρ.)*
- *1 μεσαίο καφέ κρεμμύδι, ψιλοκομμένο*
- *80 πλατιά καστανά μανιτάρια, ψιλοκομμένα*
- *1/2 κουταλάκι γλυκιά πάπρικα*
- *1/2 φλιτζάνι ελαφριά ξινή κρέμα γάλακτος*
- *1 κουταλιά χυμός λεμονιού*
- *1/3 φλιτζανιού ζωμός κοτόπουλου*
- *2 κουταλιές άνηθος, ψιλοκομμένος*
- *1 κουταλιά φρέσκος κορίανδρος, ψιλοκομμένος*

Ζεστάνετε το λάδι σε ένα μεγάλο τηγάνι. Σωτάρετε το κοτόπουλο, ώσπου να ροδίσει και από τις 2 πλευρές. Βγάλτε το κοτόπουλο απο το τηγάνι. Σκεπάστε το για να διατηρηθεί ζεστό. Σωτάρετε το κρεμμύδι στο ίδιο τηγάνι, ώσπου να μαλακώσει.
Προσθέστε τα μανιτάρια και την πάπρικα. Σωτάρετε ανακατεύοντας, ώσπου να μαλακώσουν τα μανιτάρια. Προσθέστε την κρέμα γάλακτος, το χυμό, το ζωμό και τον άνηθο. Ανακατώστε, ώσπου να ζεσταθεί το μείγμα (προσοχή, να μη βράσει). Προσθέστε τον κορίανδρο.
Σερβίρετε το κοτόπουλο με τη σάλτσα.

Μερίδες 4.

Λουκάνικα Κοτόπουλου με Πουρέ και Πράσα

- 4 μεσαίες πατάτες χοντροκομμένες
- $^{1}/_{3}$ φλιτζανιού ξινή κρέμα γάλακτος
- 1 κουταλιά μουστάρδα με μαύρους σπόρους
- 12 λουκάνικα κοτόπουλου
- 2 μεσαία πράσα, ψιλοκομμένα
- 1 κουταλιά καφέ ζάχαρη

Βράστε, ψήστε στον ατμό ή στο φούρνο μικροκυμάτων τις πατάτες, ώσπου να μαλακώσουν. Στραγγίστε τες και πολτοποιήστε τες. Προσθέστε την ξινή κρέμα γάλακτος και τη μουστάρδα. Χτυπήστε τες, ώσπου να ανακατωθούν ομοιόμορφα.

Στο μεταξύ, τηγανίστε τα λουκάνικα σε ένα μεγάλο αντικολλητικό τηγάνι, ώσπου να ροδίσουν καλά. Βγάλτε τα λουκάνικα από το τηγάνι. Σκεπάστε τα για να διατηρηθούν ζεστά.

Σωτάρετε ανακατεύοντας τα πράσα στο ίδιο τηγάνι. Προσθέστε τη ζάχαρη και ανακατέψτε την, ώσπου να καραμελωθεί.

Σερβίρετε τα λουκάνικα με τα πράσα και τον πουρέ.

Μερίδες 4.

Σαλτιμπόκα

- *2 κουταλιές λάδι*
- *24 φρέσκα φύλλα φασκόμηλου*
- *200 γρ. ζαμπόν, κομμένο σε λεπτές φέτες*
- *60 γρ. βούτυρο*
- *8 μοσχαρίσια σνίτσελ (720 γρ.)*
- *$^{1}/_{2}$ φλιτζάνι κόκκινο κρασί, ξηρό*

Ζεστάνετε το λάδι σε ένα μεγάλο τηγάνι. Προσθέστε το φασκόμηλο. Σωτάρετε, ώσπου να γίνει τραγανό. Βγάλτε το από το τηγάνι. Προσθέστε το ζαμπόν στο ίδιο τηγάνι. Σωτάρετε ανακατεύοντας, ώσπου να γίνει τραγανό. Βγάλτε το από το τηγάνι. Ζεστάνετε το μισό από το βούτυρο στο ίδιο τηγάνι. Σωτάρετε το μοσχάρι σε δόσεις, ώσπου να ροδίσει και από τις 2 πλευρές και να γίνει τρυφερό. Κατεβάστε το από τη φωτιά και σκεπάστε το για να διατηρηθεί ζεστό. Προσθέστε το κρασί στο τηγάνι. Ανακατώστε, ώσπου να μείνει το $^{1}/_{3}$ της ποσότητας. Προσθέστε και το υπόλοιπο βούτυρο. Σερβίρετε το μοσχάρι με ζαμπόν και φασκόμηλο. Περιχύστε με τη σάλτσα.

Μερίδες 4.

Μεξικάνικα Σάντουιτς με Κοτόπουλο

- *2 μεσαία αβοκάντο, πολτοποιημένα*
- *1/4 φλιτζανιού φρέσκος κορίανδρος, ψιλοκομμένος*
- *4 φιλέτα από στήθος κοτόπουλου (680 γρ.)*
- *35 γρ. τάκο*
- *4 ψωμάκια για σάντουιτς*
- *1/3 φλιτζανιού ελαφριά σάλτσα ντομάτα*

Αναμείξτε τα αβοκάντο και τον κορίανδρο σε ένα μεσαίο μπολ.
Αλείψτε το κοτόπουλο με τάκο. Σωτάρετε (ή ψήστε στο γκριλ ή στο μπάρμπεκιου) το κοτόπουλο σε δόσεις, ώσπου να ροδίσει και από τις 2 πλευρές. Κόψτε το σε μεγάλα κομμάτια.
Κόψτε τα ψωμάκια για σάντουιτς στα 2. Ψήστε τα ελαφρά στο γκριλ. Βάλτε το κοτόπουλο στη βάση των σάντουιτς και προσθέστε από επάνω το μείγμα αβοκάντο και τη σάλτσα. Κλείστε τα ψωμάκια.

Μερίδες 4.

Μπρόκολα και Πατάτες σε Πικάντικη Σάλτσα Κορίανδρου

- *2 κουταλιές σπορέλαιο*
- *1 κουταλιά σπόροι κύμινο*
- *2 κουταλάκια κορίανδρος, αλεσμένος*
- *$^1/_2$ γλυκιά πάπρικα*
- *500 γρ. μπρόκολα, χοντροκομμένα*
- *4 μεσαίες πατάτες, χοντροκομμένες*
- *4 μεσαίες ντομάτες, καθαρισμένες*
- *$^1/_4$ φλιτζανιού ντοματοπολτός*
- *$^1/_2$ φλιτζάνι νερό*
- *$^1/_4$ φλιτζανιού φρέσκος κορίανδρος, χοντροκομμένος*

Ζεστάνετε το λάδι σε ένα μεγάλο τηγάνι. Σωτάρετε ανακατεύοντας τους σπόρους κύμινου, τον κορίανδρο και την πάπρικα σε μέτρια φωτιά για 1 περίπου λεπτό.
Προσθέστε τα μπρόκολα και τις πατάτες. Συνεχίστε το σωτάρισμα για 1 ακόμη λεπτό.
Αναμείξτε τις ντομάτες, τον πολτό και το νερό ώσπου να γίνει το μείγμα ομοιόμορφο.
Προσθέστε το στο μείγμα με τα μπρόκολα.
Αφήστε τα να πάρουν μία βράση. Σιγοβράστε ανακατεύοντας ελαφρά για 20 λεπτά ή ώσπου να μαλακώσουν οι πατάτες.
Προσθέστε το φρέσκο κορίανδρο αμέσως πριν σερβίρετε.

Μερίδες 4.

Σαλάτα με Φασόλια και Λαχανικά

- *4 μεσαίες ντομάτες, χοντροκομμένες*
- *1 μεγάλο κόκκινο κρεμμύδι, ψιλοκομμένο*
- *6 φρέσκα κρεμμυδάκια, ψιλοκομμένα*
- *3x300 κονσέρβες με φασόλια, πλυμένα και στραγγισμένα*
- *1 μεγάλη κόκκινη πιπεριά, χοντροκομμένη*
- *200 γρ. τυρί φέτα, θρυμματισμένο*
- *2 αγγούρια, χωρίς σπόρους, ψιλοκομμένα*
- *1/3 φλιτζανιού χυμός λεμονιού*
- *2 κουταλιές λάδι*
- *1 σκελίδα σκόρδο, πολτοποιημένη*
- *1 κουταλάκι ζάχαρη*
- *1/2 κουταλάκι γλυκιά πάπρικα*

Αναμείξτε τις ντομάτες, τα κρεμμύδια, τα φασόλια, την πιπεριά, τα αγγούρια και το τυρί σε ένα μεγάλο μπολ. Ανακατώστε τα με όλα τα υπόλοιπα υλικά αμέσως πριν σερβίρετε τη σαλάτα.

Μερίδες 4.

Μοσχάρι με Σος Μουστάρδας

- *1 κουταλιά σπορέλαιο*
- *4 σνίτσελ μοσχαριού (360 γρ.)*
- *20 γρ. βούτυρο*
- *3 φρέσκα κρεμμυδάκια, ψιλοκομμένα*
- *2 κουταλιές μουστάρδα*
- *300 ml κρέμα γάλακτος*
- *2 κουταλιές φρέσκα σκορδόπρασα, ψιλοκομμένα*

Ζεστάνετε το λάδι σε ένα μεγάλο τηγάνι. Σωτάρετε το μοσχάρι, ώσπου να ροδίσει και από τις 2 πλευρές. Βγάλτε το μοσχάρι από το τηγάνι. Σκεπάστε το για να διατηρηθεί ζεστό.

Λιώστε το βούτυρο στο ίδιο τηγάνι. Σωτάρετε το κρεμμύδι, ώσπου να μαλακώσει. Προσθέστε τη μουστάρδα, την κρέμα γάλακτος και μισά από τα σκορδόπρασα. Ανακατώστε, ώσπου να πηκτώσει ελαφρά η σος. Περιχύστε τη σος πάνω από το μοσχάρι, πασπαλίστε με τα υπόλοιπα σκορδόπρασα και σερβίρετε.

Μερίδες 4.

Κοτόπουλο με Μέλι και Πάπρικα

- *8 μπούτια κοτόπουλου περίπου 1.300 γρ.*
- *$^1/_3$ φλιτζανιού σπορέλαιο*
- *$^1/_3$ φλιτζανιού χυμός λάιμ*
- *2 σκελίδες σκόρδο, πολτοποιημένες*
- *1 κουταλιά μέλι*
- *1 κουταλάκι διάφορα βότανα, αποξηραμένα*
- *1 κουταλάκι γλυκιά πάπρικα*
- *$^1/_2$ κουταλάκι σκόνη τσίλι*
- *$^1/_2$ κουταλάκι μπαχάρι*

Αναμείξτε το κοτόπουλο με όλα τα υλικά σε ένα μεγάλο μπολ. Σκεπάστε το και βάλτε το στο ψυγείο για 10 λεπτά.
Στραγγίστε το κοτόπουλο από τη μαρινάτη σάλτσα. Κρατήστε την χωριστά. Ψήστε στο γκριλ ή στο μπάρμπεκιου το κοτόπουλο, ώσπου να ροδίσει και από τις 2 πλευρές και να μαγειρευτεί καλά.
Στο μεταξύ, βράστε σε μια μικρή κατσαρόλα τη μαρινάτη σάλτσα που κρατήσατε. Σιγοβράστε για 2 λεπτά. Περιχύστε το κοτόπουλο με τη μαρινάτη σάλτσα.

Μερίδες 4.

Λουκάνικα με Φασόλια

- *1 κουταλιά λάδι*
- *800 γρ. μοσχαρίσια λουκάνικα*
- *2 μεγάλα καφέ κρεμμύδια, ψιλοκομμένα*
- *2 σκελίδες σκόρδο, πολτοποιημένες*
- *6 μεγάλες ντομάτες*
- *400 γρ. φασόλια, πλυμένα και στραγγισμένα*
- *1 κουταλιά φρέσκο θυμάρι, ψιλοκομμένο*

Ζεστάνετε το λάδι σε ένα μεγάλο τηγάνι. Σωτάρετε τα κρεμμύδια και το σκόρδο και τηγανίστε τα λουκάνικα σε δόσεις, ώσπου να ροδίσουν. Κόψτε τις ντομάτες σε φέτες. Σωτάρετέ τες στο ίδιο τηγάνι με τα φασόλια, ώσπου να ζεσταθούν.

Βάλτε το μείγμα με τα λουκάνικα πίσω στο τηγάνι. Σωτάρετε και ανακατώστε καλά τα υλικά. Σερβίρετε τα λουκάνικα με το θυμάρι.

Μερίδες 4.

Σούπα Μινεστρόνε

- *1 κουταλιά λάδι*
- *1 μεσαίο καρότο, χοντροκομμένο*
- *1 κλαδάκι σέλινο, καθαρισμένο και χοντροκομμένο*
- *1 μεσαίο πράσο, χοντροκομμένο*
- *3 φέτες μπέικον, κομμένες σε μεγάλα κομμάτια*
- *1 μεσαία πατάτα, χοντροκομμένη*
- *2 κονσέρβες ντομάτες*
- *3 φλιτζάνια ζωμός κοτόπουλου*
- *5 φλιτζάνια νερό*
- *150 γρ. μικρά ζυμαρικά (οποιουδήποτε σχήματος)*
- *300 γρ. κονσέρβα με φασόλια, πλυμένα και στραγγισμένα*
- *1 φλιτζάνι κατεψυγμένα πράσινα φασόλια, κομμένα*

Ζεστάνετε το λάδι σε μια μεγάλη κατσαρόλα. Σωτάρετε ανακατεύοντας το καρότο, το σέλινο, το πράσο, το μπέικον και τα κομμάτια πατάτας, ώσπου να μαλακώσει το πράσο.

Αναμείξτε το ζωμό, το νερό και τις πολτοποιημένες ντομάτες χωρίς να τις στραγγίσετε. Αφήστε τα υλικά να πάρουν μία βράση και προσθέστε τα ζυμαρικά. Σιγοβράστε τα για περίπου 10 λεπτά ή ώσπου να μαλακώσουν τα ζυμαρικά. Προσθέστε και τα φασόλια. Σιγοβράστε ώσπου να ζεσταθούν.

Μερίδες 4.

Γλωσσάρι

αλεύρι αλεύρι γενικής χρήσης. Στις συνταγές αναφέρεται ως "αλεύρι" ή "κοινό αλεύρι".

γκαράμ μασάλα μείγμα αλεσμένων μπαχαρικών. Περιέχει κάρδαμο, κανέλα, σκόρδο, κορίανδρο, κύμινο και καυτερή πιπεριά.

ζωμός 1 φλιτζάνι ισοδυναμεί με έναν κύβο ζωμού ή 1 κουταλάκι σκόνη ζωμού διαλυμένο σε 1 φλιτζάνι νερό.

ινδοκάρυδο

κρέμα ινδοκάρυδου: από πολτοποιημένο ινδοκάρυδο και νερό. Υπάρχει σε κονσέρβα.

γάλα: φυσικό γάλα καρύδας χωρίς ζάχαρη· υπάρχει σε κονσέρβες.

καγιούν πακεταρισμένο μπαχαρικό. Περιέχει πάπρικα, βασιλικό, κρεμμύδι, μάραθο, θυμάρι, καγιέν και εστραγκόν.

κάρι σκόνη αποτελείται από κορίανδρο, τσίλι, κίμινο, μάραθο, μαραθόριζα και τούρμερικ σε διαφορετικές αναλογίες, ανάλογα με τον κατασκευαστή.

κολοκύθα υπάρχουν αρκετά είδη, όπως η μεγάλη με πορτοκαλιά σάρκα και η μικρή με σχήμα αχλαδιού και ένα κίτρινο χρώμα. Μπορείτε να αντικαταστήσετε τη μία με την άλλη.

κορίανδρος αρωματικό φυτό και μπαχαρικό με δυνατό άρωμα. Μοιάζει με το μαϊντανό και είναι βασικό συστατικό της κουζίνας της νοτιοανατολικής Ασίας. Είναι γνωστό και ως κόλιαντρος. Υπάρχει τριμμένος και σε σπόρια.

κουσκούς ζυμαρικό σε λεπτούς κόκκους.

κρέμα γάλακτος

φρέσκια: γνωστή και ως ανθόγαλα.

ελαφριά ξινή: έχει ελάχιστη περιεκτικότητα σε λιπαρά. Ειδικά διαμορφωμένη για να προσδίδει μία χαρακτηριστική γεύση τάρτας. Είναι αραιότερη από την απλή ξινή κρέμα γάλακτος και δεν πρέπει να την αντικαθιστά στη μαγειρική, γιατί η πυκνότητά της θα επηρεάσει την επιτυχία της συνταγής.

ξινή: κρέμα γάλακτος που έχει υποστεί τεχνητή ζύμωση και έχει ελαφρά ξινή γεύση. Μπορείτε να την αντικαταστήσετε με ελαφρά ξινισμένο γιαούρτι.

ελαφριά: έχει ελάχιστη περιεκτικότητα σε λιπαρά και είναι αρκετά παχύρευστη.

λάδι

ελαιόλαδο: ακόρεστο λάδι από ελιά. Ο χαρακτηρισμός "ελαφρό" αφορά το άρωμά του και όχι το επίπεδο των λιπαρών του.

φιστικέλαιο: από συμπίεση αλεσμένων φιστικιών. Το πιο συνηθισμένο λάδι στην ασιατική μαγειρική, επειδή δεν καίγεται εύκολα.

σησαμέλαιο: φτιάχνεται από ψημένο σουσάμι και χρησιμοποιείται για να δώσει γεύση.

σπορέλαιο: παράγεται από σπόρους φυτών, όπως το καλαμπόκι κ.ά. Καλό για να αντικαταστήσει τα ζωικά λίπη.

μουστάρδα ντιζόν γαλλική μουστάρδα με σπασμένους μαύρους σπόρους.

μπαχάρι πιπέρι της Τζαμάικας με χοντρούς κόκκους. Πωλείται και αλεσμένο.

ντομάτες

κονσέρβα: ντοματάκια ολόκληρα σε κονσέρβα. Υπάρχει και ψιλοκομμένη ντομάτα κονσέρβα, γνωστή και ως κονκασέ.

λιαστές: πωλούνται κονσερβαρισμένες.

ντοματάκια: μικρές ντομάτες γνωστές ως τσέρι τομάτος. Μπορείτε να χρησιμοποιήσετε και ντοματάκια Σαντορίνης που είναι πιο εύγευστα.

ντοματοπολτός: συμπυκνωμένη ντομάτα. Λέγεται και πελτές.

σάλτσα: κέτσαπ

ξίδι

άσπρο: προέρχεται από άσπρο κρασί

βαλσαμικό: το αυθεντικό προέρχεται μόνο από την επαρχία Μοδένα της Ιταλίας. Φτιάχνεται από το κρασί άσπρων σταφυλιών Trebbiano, που ωριμάζουν σε ξύλινα βαρέλια.

μηλόξιδο: προέρχεται από μήλα που έχουν υποστεί ζύμωση.

πάπρικα φτιάχνεται από τριμμένες ξερές πιπεριές. Υπάρχει σε διάφορες γεύσεις από απαλή μέχρι καυτερή και γλυκιά.

τζίντζερ

φρέσκο: βολβώδης ρίζα φυτού, με πράσινο χρώμα και καυτερή γεύση.

αλεσμένο: σκόνη αποξηραμένου τζίντζερ.

τσάιβ είδος φρέσκου κρεμμυδιού με έντονο άρωμα.Λέγεται και σκορδόπρασο. Πωλείται σε γλαστράκια.

τσίλι φοράτε λαστιχένια γάντια όταν κόβετε φρέσκα τσίλι γιατι μπορούν να σας κάψουν το δέρμα. Πετάτε τους σπόρους γιατί είναι πολύ καυτεροί.

σκόνη: η ασιατική ποικιλία είναι η πιο καυτερή, φτιάχνεται από τριμμένα τσίλι

γλυκιά σάλτσα τσίλι: ελαφριά σάλτσα από κόκκινα τσίλι, ζάχαρη, σκόρδο και ξίδι. Προέρχεται από την Ταϊλάνδη.

τυρί

μοτσαρέλα: μέτριο μαλακό τυρί με λεπτό, φρέσκο άρωμα

παρμεζάνα: σκληρό τυρί με έντονη γεύση· μπορεί να αντικατασταθεί με κεφαλοτύρι.

τσένταρ: αγγλικό τυρί· όσο πιο παλιό είναι έχει καλύτερη γεύση.

ψωμί

λαγάνα: γνωστή και ως Τουρκικό ψωμί. Μπορεί να είναι μακρόστενη και επίπεδη ή στρογγυλή. Φτιάχνεται από σταρένιο αλεύρι και πασπαλίζεται με σουσάμι ή σπόρους μαύρου κρεμμυδιού.

πίτα: λιβανέζικο σταρένιο ψωμί.

ψωμί τριμμένο ψωμί 2-3 ημερών τριμμένο στο χέρι ή στον τρίφτη.

Ευρετήριο

ΓΙΑ ΤΗΝ ΕΚΔΟΣΗ ΣΥΝΕΡΓΑΣΤΗΚΑΝ

Μετάφραση Θάλεια Κωνσταντίνου
Γλωσσική επιμέλεια - Τυπογραφικές διορθώσεις Λία Τσακτσίρα
Lay-out - Ηλεκτρονική σελιδοποίηση Μαρία Πατικοπούλου
Μακέτα εξωφύλλου Κυριάκος Μεγαλόπουλος
Αναπαραγωγές φιλμ ACT
Μοντάζ - Εκτύπωση - Βιβλιοδεσία ΦΙΛΙΠΠΟΣ (Εκδοτική Βορείου Ελλάδος Α.Ε.)

ISBN 960-239-531-1

© 2002 ΕΚΔΟΣΕΙΣ ΠΑΙΔΕΙΑ / ΜΑΛΛΙΑΡΗΣ-ΠΑΙΔΕΙΑ Α.Ε.
Αριστοτέλους 9 & 10, 546 24 Θεσσαλονίκη, τηλ. 277.113, 262.485, fax 264.856
www.malliaris.gr e-mail: info@malliaris.gr

**Ζητάτε εύκολες και γρήγορες συνταγές
που να είναι νόστιμες και θρεπτικές;
Η λύση βρίσκεται στα νέα βιβλία της σειράς:**

50 επιλεγμένες συνταγές

μαγειρεύω γρήγορα & νόστιμα